あなたに出会えて よかった

近藤辰雄

法藏館

あなたに出会えてよかった　目次

あなたに出会えてよかった

—ほんとうの生きがいの発見—

ご本尊さまのそばにいてほしい

香樹院徳龍《こうじゅいんとくりゅう》というご講師の語録の中に「坊守《ぼうもり》の心得」という一項があります。そのいちばん最初に、

「ありがたかろうが、ありがとうなかろうが、お念仏を申すのが坊守のいちばんの仕事だ」

とあるのです。ありがたかろうが、ありがとうなかろうが、まず南無阿弥陀仏とお念仏を申すということが坊守のいちばんの務めだといわれる。そしてそれに続いて、

「坊守ほど罪の深きものはないゆえに、坊守ほど如来さまの哀れみをいただくものもないのだ」

といわれます。罪の深いことも第一、お慈悲の深いことも第一。これが坊守の日常のあり方だといわれる。みなさん、どうですか。

たしかに「罪の深きは私なり」としか言いようがない。そういう日暮らしをしております。お寺の中で生活しているけれども、ほんとうにお念仏が申せているでしょうか。「ありがたかろうが、ありがとうなかろうが、南無阿弥陀仏と口に称えるのが坊守の第一の仕事だ」と香樹院師は言われるのですが、そのお念仏がなかなか申されません。だから香樹院師は、坊守ほど罪の深きものはないと言われる。そしてさらに、そのように罪深い人間であるから、坊守という名前をいただいて、ご本尊さまのすぐそばにいなければ、人間に生まれてきてよかったと言えるようなあなたになれない。だからこそ罪深きあなたは、ご本尊さまのそばにいてほしい。こう願われているのだといわれているのです。

坊守は、罪の深きことも第一だけれども、お慈悲の深いことも第一で、仏さまに案じられている。いちばん案じられているのが坊守だと香樹院師が言っておられます。

そして次に、坊守の仕事は何かということについて、

「お給仕と聞法のできる場づくりをするのが坊守の仕事だ」

といわれています。お給仕と聞法の二つが坊守の仕事だと香樹院師は言われますが、お給仕が心から喜べるのでなければ、お給仕したことにはなりません。聞法の場づくりが仕事だと言われるかぎり、自らが聞法の姿勢をもっていなければ、その仕事は果たせません。

では、お給仕するというのは何か。これは、言うまでもなく、仏前をきれいにするということ。また、お仏供を供えるということです。それをほんとうの意味で成就するためには、全生活をもって仏徳を讃嘆し、お荘厳をする。つまり、帰命《きみょう》の生活をするというのが、お給仕をするということの意味です。

南無阿弥陀仏に全身をゆだね、お任せしますと言える私になる。これがお

給仕をする原点になる。それはそのまま聞法《もんぽう》ということの中身になるのでしょう。教えを聞く。仏法を聞いて私が変わっていく。教えを聞いたということは、私が変わるということです。法を聞いて、こういうことも覚えた、こういうこともできるようになったというのを聞法とは言いません。では、聞法したらどうなるのかというと、わが身のいたらなさが見えてくるように私が変わるということです。

共に聞法する姿勢

お寺の仕事は、教化という言葉で説明されます。教化というのは、教えによって変わるということ。どう変わるかというと、賢くなる。今までよりも少しはましになるというのではありません。教えによって変わるというのは、自分の過ちが見えてきて、「あら恥ずかしい、これでは人間とはいえない」

ということに気づくのを、変わるというのです。

お寺の仕事は、教化事業です。教化ということは、教えによって人が変わるということ。では、教えによって変わるという中身は何かというと、それには二つの意味がある。一つは、教法によって感化されて人が変わるということがある。

教化の「化」というのは、感化だということです。教えるものは教法ですが、住職がご門徒の人を教えていくのではない。また坊守がご門徒の人に真宗の教えを教えていくのではない。教えそのものが人を感化し、それによって「私はこれでは人間とはいえない」と気づいていくのを教化という。ですから、お聖教《しょうぎょう》に出遇って変わっていくのは、住職も坊守も、ご門徒の人たちも、共に一緒に変わっていくのです。

では、教えはどのように感化して人を変えていくかというと、聞法を通して感化されていくのです。住職も坊守も、ご門徒と一緒に聞法することが、そのまま教化なのです。ですから、教化は即聞法ということになる。

そうすると、教えに遇うとは、わが身のいたらなさが見えてくるということ。私はこれも覚えた、こういうことも知っているというように変わったのでは、教化とはいえない。つまり、真実の法に出遇ったとはいえないのです。そのような、自分が偉くなるような教えとの出会いを、ご門徒の人たちに語ってみても、説得力がありません。私の姿そのものを、ご門徒の人たちは見ているのです。私が「恥ずかしいな」と言える、わが身のいたらなさに気づいて、頭の低い生き方でご門徒の人と接するときに、ここに仏法あり、お念仏ありと感じとってくださるような出会いができあがるのでしょう。これこそが本当の意味の教化ということなのです。

少年の気づき

わが身のいたらなさが見えるということで、私は十五歳の少年の作文に出会いました。十五歳の少年です。「元服」という題です。その作文を読んでみます。

僕は今年の三月に担任の先生にすすめられてAと共に○○高校を受験した。○○高校は私立ではあるが、全国の優等生の集まってくる、いわゆる有名校である。担任の先生から、「君たち二人なら絶対に大丈夫だと思う」と、強くすすめられたのである。

僕らは得意であった。父母も喜んでくれた。先生や父母の期待を裏切ってはならないと、僕は猛烈に勉強した。

ところが、その入試でA君は期待通りにパスしたが、僕は落ちてしまった。

得意の絶頂から奈落の底へ落ちてしまったのだ。何回かの実力テストでは、いつも僕が一番で、A君はそれにつづいていた。それなのに僕が落ちてA君が通ったのだ。誰の顔も見たくない惨めな思い。父母が部屋に閉じ込もっている僕のために、僕の好きなものを運んでくれても、優しい言葉をかけてくれても、それがかえって癪にさわった。何もかも叩き壊し、引きちぎってしまいたい「怒り」にもえながら布団の上に横たわっているとき、母が入ってきた。

「Aさんが来てくださったよ」という。

僕は言った。

「母さん。僕は誰の顔も見たくないんだ。特に世界中で一番見たくない顔があるんだ。誰の顔か言わなくってもわかるだろう。帰ってもらってくれ」

母は言った。

「折角わざわざ来てくださったのに、母さんにはそんなこと言えないよ。あんたたちの友達関係って、そんなに薄情なものなの？　ちょっとまちがえれば敵味方になってしまうような薄っぺらなものなの？　母さんにはAさんを追い返すなんてできないよ。嫌なら嫌でそっぽを向いていなさい。そしたら帰られるだろうから」

と言って母は出ていった。

入試に落ちた惨めさを、僕を追い越したこともない者に見下され、こんな屈辱ってあるだろうかと思うと、僕は気が狂いそうだった。二階に上がって来る足音が聞こえる。布団をかぶって寝込んでいるこんな惨めな姿なんか見せられるか。

胸をはって見据えてやろうと思って僕は起きあがった。戸が開いた。中学の三年間、A君がいつも着ていたくたぶれた服のA君。涙をいっぱいためたクシャクシャの顔のA君。

「懸岡君。僕だけが通ってしまってごめんね」

やっとそれだけ言ったかと思うと、両手で顔を覆い、駈け降りるようにして階段を降りて行った。

僕は恥ずかしさでいっぱいになってしまった。思い上がっていた僕。いつも「A君になんかに負けないぞ」とA君を見下していた僕。その僕が合格して、A君が落ちていたとして、僕はA君を訪ねて行って、「僕だけが通ってしまってごめんね」と、泣いて慰めに行っただろうか。ザマー見ろと余計思い上がったにちがいない自分に気づくと、こんな僕なんか落ちるのは当然だと気がついた。彼とは人間の出来が違うと気がついた。

通っていたら、どんなに恐ろしい独りよがりの思い上がった人間になってしまったことかと。落ちるのが当然だった。落ちてよかった。本当の人間にするために、天が僕を落としてくれたんだと思うと、悲しいけれども、その悲しみを大切に出直そうと、決意みたいなものが湧いてくるのを感じた。

僕は今まで、思うようになることだけが幸福だと考えてきたが、A君のおかげで、思うようにならないことの方が人生にとって最も大事なことなんだということを知った。

昔の人は十五歳で元服したという。僕も入試に落ちたおかげで元服することができた気がする。

私は、「ザマー見ろと余計思い上がったにちがいない自分に気づくと、こんな僕なんか落ちるのは当然だと気がついた。彼とは人間の出来が違うと気がついた」というように、気がついた、気がついたという言葉で表現していく少年の姿の中に深い感動を覚えます。

わが身のいたらなさが見えてくる

仏さまの光が私のところに届いたときに、わが身のいたらなさが見えてくるということを、この少年は仏法を聞いたというわけではないけれども、きちんと私たちに教えてくれています。そして事実を事実として認めていく、そういう勇気がこの少年に湧き起こってくる。

そしてそこから、「その悲しみを大切に出直そうと、決意みたいなものが湧いてくるのを感じた」というように、立ち上がってくるのです。「ようし、もう一回やり直しだ」というのは、もう一回勉強をし直して、Aくんのように○○高校に入学したい。それもあるでしょうけれども、そういう意味で、いま言っているのではないでしょう。いまは、ほんとうの人間になりたいというのでしょう。わが身のいたらなさに気づいて、はじめて人との出会いが確かなものになっていく。そういう人間になりたい。今までは、上に上がっていこう、上に上がっていこうということだけしか考えていなかった。しかし今、Aくんのたった一つの言葉、「僕だけが通ってしまってごめんね」という言葉に出会って、「僕だけが通ってしまったって、ひとつもうれしいことはない。あなたと一緒に合格したかった。ごめんね」と、そんな言葉が言えるような、あのAくんのような人間になりたいという思いが湧いてきた。自分は、ものはたくさん知っているけれども、人間はAくんのほうがずっと上だということを少年は感じとっている。それが教化の原点ではありませんか。

教えに出遇うことによって、わが身のいたらなさが見えてくる。わが身のいたらなさが見えてきたら、周りの人たちは、そういう私を大事に大事にしていてくれるということがはじめてわかる。わが身のいたらなさに気づいたときに、周りの人たちと共に歩んでいこうという思いが湧いてくる。そして新しい一歩を踏み出していくことになるのでしょう。

私は、十五歳の少年の「元服」という作文から、そのようなことを感じ取らせていただくわけです。

差別の現実から問われる

京都教区の教化基本方針として、平成元年度から、「差別の現実から問われる場に身をさらそう」という基本方針が掲げられています。

差別の現実ということの中身について、うなずくことができない、その言葉が分かりにくいと感じるのは、自分がうぬぼれて生きているからでしょう。自分だけはなんでもできる、なんでも知っていると思って生きていくかぎり、「私は差別はしていない」、こういう思いがずっとありますから、差別の現実という言葉が素直に受けとめられない。そういうことがあるのではないかなと思います。

差別はしていないと思うのは、どこまでもうぬぼれて生きているからです。言葉を換えたら、現実がひとつも見えていないということです。まったく親鸞聖人の教えに背いていながら、そのことに気がつかないというのが、私は差別の現実ということが理解できないということと同じだろうと思います。それは、現実が見えない。見ようとしないから、そうなるのでしょう。

私の周りでは、他との出会いを切って生きてはいない、こう言いながら、夫婦との出会いも、親子との出会いも、不平不満ばかり言うて、小言を言うて、自分は一生懸命やっているのに、どうしてわかってもらえないのだろうと言う人がいます。夫婦の間の出会いも、みなそうです。親と子の間もまったくそうです。お母さんがあなたのことを一生懸命案じてやっているのに、あなたにはそれがわからないのかと、こんなかたちでしか子どもと出会っていない。それは、人を人として見ていないから、そのようになるのです。

だから、あなたはほんとうに人を人として見ていますか。出会えていますか。あなたと出会えてよかったと言えますか。この問いかけが、とても大切になるのです。私を私と見ていない。また人を人として見ていない私。如来の悲願が聞けない私。如来からの問いかけが聞こえてこないから、私はこれでいいと思い上がってしまうのでしょう。

差別の現実というのは、私の生きざまです。その生きざまがどうなっているのか。そこにわが身をさらすということが出てくる。身をさらすということは、もうごまかしませんということです。もうごまかしません。もうつくろいません。ありのままの自分をきちんと見ていきます。これが身をさらすという意味です。

真宗門徒であるかぎり、わが身のいたらなさが見えるということがある。

わが身のいたらなさとは何ですか。人を人と見ないということです。人を尊敬する心を失ってしまった。うぬぼれて、自分だけが偉いと思っている。その思いが打ち破られていくということが、いちばん大事なのです。

高史明先生の告白

以前、東京の真宗会館で、東京教区の教化委員会の青少年部門の研修会が開かれたことがありました。その研修会には、高史明先生も講師として来ておられました。私が、はじめに青少年関係のいちばん中心になる話を一時間ほどして、あとは高先生のお話を一泊二日の間、聞かせていただいたわけです。研修会の二日目の午前の講義もすんで、十一時になって、あらためて二人の講義に対する質問を受けるということになりました。それで質疑の時間になって、正面に座らされました。高史明先生と私と、二人が正面に出されるのです。まあ高先生のすぐそばにいさせてもらえるのはありがたいけれども、どんな質問がくるのかなと思っておりましたら、質問するような講義をしておりませんから、私に質問はなかった。高先生に質問があったのです。

「高先生、お尋ねします」といって、質問なさいました。

「夕べ、今朝と、先生のお話をお聞きして、深い感動をいただきました。この研修会に来てよかった、こう思います。そして先生の真宗門徒として生きてくださるお姿を十分に感じ取らせていただきました。お礼を申します」

こう言われまして、

「先生、たいへん失礼な言い方をするかもしれませんが、昨日から今日にかけて先生がお話しくださいました内容を私にひと言で説明していただくと、どんな言葉になりますか」

こんな質問です。ひどい質問です。

もしもそれが私に来た質問なら、私は答えようがない。さすがの高先生も、なにか身震いするようなものが、こう伝わってくるような感じがするのです。ところが高先生は、「はい」と言われまして、そして合掌されるのです。そしてじっと目をつぶって、念じておられる。そのとき私は、高先生の口からどんな言葉が出てくるのかなと思いました。

そして、しばらくじっと目をつぶっておられた高先生が、涙をぽろぽろと流しながら言われるのです。

「ご存知のとおり、私は十二歳の一人子を亡くしました。自ら命を絶っていきました。それが不思議なご縁をいただいて、東本願寺に須弥壇収骨をさせていただくご縁をいただいたのです。お骨を持って、ご本山に行きました。手続きを済ませて、そして係りの人に伴われて、ご真影さまの前に座りました。目の前に宗祖親鸞聖人の御影があります。いま一人子を失った悲しみの中で、なんでこんな私やろうな。自ら命を絶ってしまうような苦しい思いをしておったのに、わが子の苦しみをひとつもわからぬままで、親子が確かに出会うておると思い込んで、今まできておった。それなのに、十二歳の子どもは、苦しい思いの中で自ら命を絶っていきました。そのわが子の苦しみを、親である私は何にも知りませんでした。恥ずかしいなと思いました。

そういう思いでご真影さまの前に座っていたのです。お骨が裏のほうに運ばれて、そしてご真影さまの下に収められ、お焼香をする。そうすると、そこへ親鸞聖人のお姿がある。ごめんね。親と言えんね。そんな思いで座っておりましたら、親鸞さまの声が聞こえてきました。自分で自分が信用できずにおる。自分で自分を見捨ててしまったような、親と言えぬ自分をじっと見つめて、そして自分で自分が信用できずにおる、この私。自分で自分を見捨ててしまったような、この私に向かって、私を絶対信頼しておってくださる親鸞聖人がましますす。その親鸞聖人の声が聞こえてきました。

あなたを絶対信頼しておってくださるお方があるよ。南無阿弥陀仏と名告った仏さまだよ。親鸞さまの声が、そう私に聞こえてきたのです」

私は、すごいなと思いました。どうですか。こんな言葉で浄土真宗ということをひと言で教えてくださる。

「自分で自分が信用できずにおるのに、自分でも見捨てたこの私を絶対信頼しておってくださるお方があった。南無阿弥陀仏と名告った仏さまであった。念仏申せよ。親鸞さまが私にそう語りかけてくださる言葉を、私はそのときにいただきました」

涙を流しながら、研修会に参加しておってくださるみなさんに、そうおっしゃいました。私は、そのときのことが忘れられません。

仏さまの声を聞く

そしてまた静かにじっと合掌しておられました。そして言われました。しばらく時間をかけて、じっと念じておられた高先生が、

「頼みもせぬのにですよね」

と言われたのです。「親鸞さま、助けてください」「如来さま、助けてくださ い」と言うたのではない。頼みもせぬのに、向こうのほうから私のところに来ておってくださる仏さまがある。南無阿弥陀仏と名告った仏さまです。高先生の確かな確かな信心を、私はそのときにいただきました。


お念仏に出遇うと、わが身がきちっと見えてくる。自分では自分が見えません。その私に、ごまかしようのないわが身のありのままの姿を見せてくださるのは、仏さま以外にありません。私の力で、わが身のいたらなさが見えるものではありません。ですから、仏さまに導かれて、わが身のいたらなさ

に気づかせてもらう。そして、「恥ずかしゅうございます」と申し上げる私に、このいたらない私だからこそ、絶対信頼しておってくださる仏さまの声が聞こえてくる。これがお念仏を申すということの中身だと、高先生は教えてくださったのです。

真宗門徒と名のって生きる私たちにとって、いちばん大事なことは、仏さまの声を聞くということです。私たちは、仏さまと対話をするときでも、いつも自分の思いや自分の都合を仏さまのほうにお願いしている。そういうかたちでしか生きていないのでしょう。そのように、いつもわが思いを通す私であるのに、仏さまのほうが先に私のことを案じておってくださるのです。そのような仏さまの心が、どこまでいただけるか。では、仏さまが案じておってくださる私たちの姿は何かというと、我をよしとする思いが、いつでも人との出会いを切っていく生き方です。そんなかたちでしか生きられないわが身を、きちんと見せてくださる。これが、お念仏に出遇うということの中身です。

私が私であってよかった

私は、京都市内での報恩講のときに、一人の青年との出会いをいただきました。その青年から、真宗のお寺の住職として、またみなさんにご法話をさせてもらっている一人として、はじめてわが身のいたらなさを気づかせてもらいました。報恩講の満堂のところで、一人の青年と対話をしたのです。

「報恩講というのは、ご恩に報ずるのですね。親鸞聖人のご恩ですね。その親鸞聖人のご恩に報ずるのが報恩講です。では親鸞聖人のご恩って、何ですか」

と参詣の人に尋ねるように話したら、一人の青年が「お念仏申すことです」

と答えてくれたのです。それで、

「そのとおりですね。念仏申せという教えが親鸞聖人の教えです。あなたもお念仏を申してきましたね。お念仏を申して、あなたはどうなりましたか」

と、あらためて私はその青年に尋ねたのです。すると、その青年がびっくりした顔をして、じっと私の顔を見つめておりました。

「あなたは念仏を申してこられた。親鸞聖人の教えを受けて、お念仏を申してこられた。お念仏を申して、あなた自身はどうなりましたか」

こう私がさらに尋ねると、その青年は私の顔をじっと見ておりましたけれども、涙をいっぱいためて、ナンマンダブ、ナンマンダブ、ナンマンダブと、私を見つめて言うのです。そして、その青年がご本尊さまのほうに向きを変えて、合掌して、ナンマンダブ、ナンマンダブと、ご本尊さまにお念仏を申せばどうなるのかと尋ねられた。そしてさらに向きを右のほうに変えられて、ナンマンダブ、ナンマンダブ。拝んでおってくださるところは、宗祖親鸞聖人の御影です。その青年が、こんどは話をしている私のほうに向きを変えて、そして畳に両手をついて、頭をその両手の上にのせて叫びました。

「先生、お念仏を申せばどうなるのですか。念仏を申してきましたけれども、ひとつも変わりません。お念仏を申せばどうなるのですか。今日は親鸞聖人の報恩講です。親鸞聖人の教えをきちんと聞くために集まってきた法要です。先生、教えてください。お念仏を申せばどうなるのですか」

私は、十年前に高先生が研修会の参加者の一人から尋ねられたと同じようなかたちで問われたのです。びっくりして、すぐには答えようがなかった。私は念じました。そして念じましたら、親鸞さまの声が聞こえてきた。お念仏を申せばどうなるのか。このことひとつを教えてくださいと念じていたら、親鸞さまの声が聞こえてきた。聞こえてきた内容を、そのときにその青年に語るようにして、みなさんに申しました。

「親鸞さまは、いま私に教えてくださいます。お念仏を申せば、私が私であってよかったと言える私になることができるぞ、こう言うておってくださる声が、いま聞こえました」

どうですか。私が私であってよかったと、どこで言えるのか。人を人として見ない私。そんな生き方しかしていない私に、私が私であってよかったと言えるあなたになれよと、南無阿弥陀仏と名告った仏さまが私に語りかけておってくださる。ほんとうの自分に出遇ってくれよと言うておってくださる。いつでも、どんなときにでも、私が私であってよかったと言えるようなあなたになってくれよと、仏さまが私に呼びかけていてくださるのです。

言い換えたら、自体満足です。私が私であってよかったと、どこで言えるか。人間は一人では生きていませんから、山の中に閉じこもって、人と出会わないようになって、私が私であってよかったと言えるのではない。いま生きている現場の中で、私が私であってよかったと、どこで言えるかというと、あなたと出会えてよかったと言えるような私にならなければ、私が私であってよかったとは絶対言えません。だから、こう聞こえてくる裏には、あなたと出会えてよかったと言える私にならなければ、私が私であってよかったとは言えないということがある。あなたとの出会いが、私を私にしてくださる出会いでした。あなたとの出会いによって私が私になりましたと、夫婦の間も、親子の間も、兄弟の間も、隣り近所の人たちとの出会いの間も、このこと一つが言えたときに、はじめて私が私であってよかったと言えるのです。あなたと出会えてよかったということは、言うまでもなく、親鸞聖人の御同行、御同朋と、かしずく姿と同じです。

御同行、御同朋とかしずく姿

周りの人に「御」という一字をつけて出会うことのできるような私になるときに、はじめて私が私であってよかったと言える。そうすると、親鸞聖人の教えは何か。周りの人たちを「御」の一字をもって尊敬して出会うことができますか。それができなかったら、人間を生きたとは言えませんよ。こう私に語りかけておってくださる教えだということになります。お念仏を申せと教えられる内容は、「御」という一字を、あなたに向かい合っている人に言えますか。なぜ向かい合った人に「御」という言葉が言えるようになるか。私に如来ましますと同じように、この私に、愚かな私に、如来まします命をいただいたと感じるときに、周りの人たちも、みんな如来さまが宿っておってくださるお方だ、これが人と人との間を生きる人間の確かな出会いではありませんか。相手に「御」をいただくとは、人間であるかぎり、みんな如来ましますいのちをいただいておってくださるということに気づかせていただくということでしょう。

そうすると、生まれたばかりの赤ちゃんであろうと、いや、同じ年齢の人であろうと、年上の人であろうと、人間の身を生きるかぎり、みんな如来ましますいのちをいただいているということがいただけたときに、はじめてほんとうの世界ができあがる。御同朋の世界というのは、そのことですよ。

同朋会運動ということの意味は、たったひとつ、そのことひとつをみんなで確認しようじゃないかということです。お念仏に出遇ってくださった、確かな、確かな先輩の方がおられたから、いま私に、念仏申そう、御同朋、御同行と周りの人にかしずいて生きていくことのできるようなあなたになろう、こう呼びかける運動が真宗大谷派に始まったのです。御同行、御同朋と出遇っていく。周りの人たちを「御」の一字をもって尊敬して生きていく。この一点が明らかにならなければ、真宗門徒として生きたとはいえないのです。真宗門徒と名のるかぎり、必ずあなたとの出会いによって、いや、あなたの中にましますタ如来さまとの出会いをいただくことができて、仏さまが仏さまと出遇っておってくださるかたちで、あなたと私が出遇っているのでしたということが明らかになっていくのが御同朋、御同行とかしずくということです。

どうでしょうか。「御」という一字が自分の夫に向かって感じとられますか。いや、わが子に向かって感じとられますか。「恥ずかしいな」としか言えないでしょう。親鸞さまに、如来さまに私自身が呼びかけられていることに気づかせてもらったら、「こんな私を坊守と呼んでくれてありがとう」と、ご門徒の人たちと、今までと違う新たな出会いが開かれてくるではありませんか。夫婦の間も、こんな私を妻と呼んでくれて、こんな私を夫と呼んでくれてと、わが夫婦の出会いを拝むことのできるようなことができるではありませんか。

念仏する母との出会い

私には、具体的にこんなことがあったのです。私は養子ですので、母が二人います。生みの母親と、そして養母の母と、二人いる。その生みの母が、去年七月三十一日にお浄土に還《かえ》っていきました。

私は京都におりますけれども、生まれは長崎の島原というところです。母は、お寺の総代をしていた家の末娘に生まれました。総代をして、お念仏を喜ぶ家庭に生まれたものですから、仏法を、お念仏を喜んで申しました。そしてお坊さんである父と結婚することになりました。その母が昨年亡くなりましたけれども、その三年前に、体の調子が悪いというので、お医者さんに診てもらいましたら、胃癌だということで、手術しなければならないということになりました。

でも、もうそのとき母は八十四歳でしたので、手術をするのを嫌がっていました。「もうお浄土に生まれさせていただくときが来たんやから、手術はしとうない」と言いましたけれども、結局は手術することになったのです。手術はしたのですが、年が年ですから、なかなか回復しません。手術をして一か月たっても、元気になってくれません。病院に入っていて、もう体もあまり動きません。私は手術する前に母を見舞いに行きまして、これが今生のお別れやなと思うて、母との出会いをいただいておりました。そのときには一人で行きました。

手術後一か月たっても回復しないという母の様子を聞いていて、坊守がどうしても一回長崎のお母さんをお見舞いに行きたいと言うのです。そして

「あなたも一緒に来てほしい」と言う。私は「もう手術する前に行ったやないか。そんなもの一か月の間に二回も行かんでもええわ」と言っていましたけれども、坊守は「いや、あなたと一緒に行きたい」と言う。私にとっても、やはり生みの母親ですから、坊守に言われて、「そんなら行こうか」ということで、二人で長崎へ行きました。

病室に入って行きましたら、すっかり元気を失ってしまっている母親ですけれども、私と坊守とで、夫婦して訪ねて行ったものですから、喜びを感ずる。けれども、言葉で言い表すことが、もうできない。そうすると、涙をぽろっと流しながら、無理に両手を胸のところで合わせようとした。その動きはわかるけれども、両手がきちんと合掌の姿になってこない。

それで、私と坊守とベッドの横へ行って、動かしておる母親の手を合わせて、坊守が合掌させました。そうしたら、涙を流しながら、声も出てこないような弱いかたちになっているのですけれども、口が「ナンマンダブ、ナンマンダブ」と言うておるのです。

坊守が、合掌させたその母の手を、ぎゅうっと上から握りました。すると坊守も合掌しておるようなかたちになった。その上を、また私が両方の手で握りました。三人の手が母の胸元で三つ重なって、合掌しておりました。涙がぽろぽろ流れました。

そして、もう口で言う言葉もなくなってしまった母親ですから、そして疲れ切っておるわけですから、長く居てもいけないと思って、病室を出て、しばらく弟から母の病状を聞いたりして過ごしました。

いよいよ帰ろうかというとき、もう一回病室に行って、さよならしようと思って入って行くと、母は合掌したままの手を、そのまま大事そうに胸元に置いているのです。その手をまた坊守がぎゅうっと上から握りました。両方の手で。私もまたその上から握りました。母の胸元で三人が合掌で一つに溶け合うようなかたちで出会いをいただきました。

あなたと夫婦であってよかった

「そんならまた来るよね。元気になってね。もう一回元気になって、そしてお念仏が申されて、お話が聞けるようなお母さんになってほしいわ」と、私はそう言うて、そのために手術したんやから、もう一回元気になるのよ。そしてもう一回法話が聞けるようなお母さんになってよ。そしてお念仏申してよ、そう言うて二人で病室を出ました。

病院の入り口を二人並んで出て行きますと、坊守が先にささささっと走るようにして、一〇メートルぐらい先に走っていくのです。そしてそこで私の歩いてくるのを待つようにして、じっと立っているのです。何してるのかなと思っていました。私がだんだん歩いて行って、坊守の真ん前まで来たときです。今まで一回も聞いたことのない、すばらしい言葉が坊守の口から出たのです。私に向かって深々と頭を下げて、真ん前に立った私に、お礼を言うのです。そして、

「私は、確かな確かなお母さんとの出会いをいただきました。お母さんの合掌の手を、また私が合掌させてもらいました。その手から伝わってきました。念仏申せよと言うておってくださる言葉が伝わってきました」

と私に言うのです。そんな言葉は、結婚してから一回も聞いたことがなかった。

幼稚園をしたり、いろいろなことでバタバタしていますが、都会の中の小さな一つのお寺ですから、まあほとんど在家生活と一緒です。そんな生き方をしておった坊守が、お念仏を申した母との出会いによって、その母の合掌

の手を自分も握らせてもらって合掌したことによって、「今日は本当にありがとうございました。私はあなたのお母さんからお念仏をいただきました」と私に言うのです。

そして涙をためながら、こんな言葉を言いました。

「私はあなたと夫婦であってよかったと、今日はほんとうにそう思いました。ありがとうございました」

と涙を流しながら、あの愚痴ばかり言う、文句ばかり言うておる坊守の口から、そんな言葉を聞いたのです。

どうですか。人間には「如来まします」ということが確かではありませんか。坊守の思いでそんなことが言えたのではありませんよ。南無阿弥陀仏と名告った如来さまが、いま坊守の口を通して飛び出してくださって、このような言葉が出てくるのでしょう。そうすると、人間の命は、如来まします命、口でこう言っていることを具体的に私は自分の坊守の姿の中で感じました。「今日は来てよかった。お母さんから確かに、確かにお念仏をいただきました。合掌の姿の中でお念仏をいただきました。ありがとうございました。私はあなたと夫婦であってよかったとほんとうに思いました」お念仏の下からそんな言葉が飛び出してくるのです。

ほんの一瞬かもしれません。あとはもう忘れてしまって、四年たった今は、また夫婦喧嘩をしています。親子喧嘩してみたり、夫婦喧嘩をしてみたりしているけれども、しかしあの一点は、私には忘れられません。如来まします命やなと、「御」という字を付けて、妻との確かな、確かな出会いを大事にしなければならんな、そのときにはほんとうにそう思いました。

いま日常生活の中では、すっかり忘れてしまっているようなかたちでしか生きていません。夫婦の出会いが確かな出会いになりません。それでも如来さまが宿っておってくださって、如来さまの言葉が飛び出してくださった坊守の口を、私は今も大事に感じます。如来ましますう命です。しかも念仏者に出会ったから、そのお念仏がちゃんとその人の口のところまで出てくるようになっている。念仏者の合掌の手を通して、坊守の体に伝わっていった。そのお念仏がそのますぐに、五分もたたないそのときですから、私に、不平不満ばかり言っていた夫に向かって、「今日はありがとうございました。あなたのお母さんから確かにお念仏をいただきました。あなたと夫婦であってよかったと、ほんとうに思いました。ありがとう」と、私より先に十歩も先に走って行って、真向かいになるのを待って言ったのです。それは仏さまが動かしておられるのであって、人間が動いている姿ではありません。私はそのことを今もずっと感じさせてもらっているのです。

浄土の真実がわが身に現れる

浄土真宗の真宗という言葉は、真実を宗とするという意味です。真実を宗として生きるときに、「私が私であってよかった。あなたと出会えてよかった」と言える、人間の根源的な願いに応えて生きることができる。そういう意味を真宗という言葉で表現しているのです。真実を宗として生きるときに、私が私であってよかったと言える。あなたと出会えてよかったと言える、人間のいちばん深い願いが、そこにはじめて実現される。これが真宗ということの意味です。

そのような、真実を宗とするというときの真実は、煩悩具足のわが身のところには絶対に起こってくるはずがありません。迷いの世界の私のところに真実があり得るはずはありません。煩悩具足の身を生きる私の生きざまのところに、生まれてくるはずのない真実が現れてくる。その真実はどこから生まれたのか。これは人間の世界からでない。浄土の世界から生まれてくるのです。浄土の真実が、私の生きざまのところに具現してくださる。真実を宗として生きるかぎり、真実が浄土から生まれ出てくるということを確認して、浄土真宗という言葉で親鸞聖人は表しておられるのです。

いうまでもなく、宗祖親鸞聖人が師の法然上人に出会われた感動的な出会いの中で、親鸞聖人が法然上人に、まず第一にお尋ねになったことは、「私は人間の身を生きておりますが、生きてよかったと言える道がどこにあるのか。私はそれを尋ね、求めてまいりました」ということであったと思います。

親鸞聖人は、四歳のときに父に別れ、八歳のときには母親に別れられています。幼くして独りぼっちになられた親鸞聖人が、人間の身をいただいて生きておる。独りぼっちの私に人間の身をいただいて生きているということは、どういう意味があるのかということが、おそらく宗祖親鸞聖人の心の課題であったと思います。そして九歳になりになって、その答えを仏法に求めようと、比叡の山に登って行かれるわけです。

だから比叡山で親鸞聖人が仏法に出会っていかれる中身は、私たちが経典にお遇いする中身とは違うと思う。私たちがお聖教に近づくときには、どうしても知識として、教養としてという一面が抜けません。ところが、親鸞聖人が九歳のときに比叡山に登っていかれたときには、人間、生きるとはなにかという、深い問いを持っておられた。ですから、人間の身をいただいて生きるということはどういう意味があるのかという、その一点を経典に学んでいきたいという願いがあったわけです。

その問いの答えを求めて、親鸞聖人は一生懸命勉強された。ところが、人間、生きるとはなにかという問いに答えるような言葉に出会えなかった。二十年の間修行されたのですから、いろいろな意味で、ものはたくさんわかった。いろいろなことも知った。学問第一になられたに違いないけれども、生きるとはなにかという問いを経典に学びたいという願いに答えてくださるような言葉には出会うことができなかった。それが、親鸞聖人の二十九歳のときのお姿でしょう。これが六角堂の参篭というかたちになる。はじめて日本に仏法を伝えてくださった聖徳太子のお寺に参篭して、日本人として生きてくださった聖徳太子に、あなたはどういう思いをもって仏法を輸入なさいましたか。どういう思いをもって仏法に聞いていかれましたかということを、直接聖徳太子にお尋ねしようとされて、六角堂に参篭されたのでしょう。

そしてその六角堂の参篭の結果、法然上人との出会いを促してくださった。もともと法然上人に会いたいという願いはあったに違いない。けれども、六角堂の九十五日を通さなければ、法然上人との出会いはできなかったのです。

ただ念仏して生きよ

そして吉水の法然上人との出会いが実現した。おそらく親鸞聖人が法然上人にそのときにお尋ねなさった内容は、「私は人間が生きるとはなにかという一点を仏法に学びたいと思い、ずっと経典を見てきました。しかし、ものは覚えたけれども、いろいろな言葉も知ったけれども、生きるということの意味に端的に答えてくださる言葉が見つかりません」このように、涙ながらに法然上人にお尋ねになったに違いない。法然上人は、親鸞聖人の訴えをじっと聞いておってくださったのでしょう。そして親鸞聖人の訴えを聞き届けられたあと、「いっしょにお念仏申そうよ」、こう言われたのでしょう。これが『歎異抄』の第二条です。

親鸞におきては、ただ念仏して、弥陀にたすけられまいらすべしと、よきひとのおおせをかぶりて、信ずるほかに別の子細なきなり。

おそらく法然上人に出会われて、法然上人に生きるとはなにかを尋ねられたときに、いちばん最初に聞かれた言葉が、「お念仏を申そうよ」という言葉だったのでしょう。「ただ念仏して生きよ」というひと言に触れられたときに、親鸞聖人は、二十年間の苦労が実るような深い感動をいただかれたのでしょう。生きるとはなにかというと、お念仏申すことだと法然上人が答えられた。その言葉を聞かれて、そのとおりでしたと親鸞聖人は受けとめられたのです。

そして、そのことを五十二歳になられて、『教行信証』ができあがったとき、いちばん最初に、

大無量寿経　真実の教　浄土真宗

という言葉で説明されたのです。『教行信証』をひと言で言えば、「大無量寿経　真実の教　浄土真宗」ということであると、お示しくださった。『大無

量寿経』こそ真実の教えでありました。『大無量寿経』こそ、真実の教えですから、私を私にしてくださる教えでありました。私が私であってよかったと言える教えに出会いました。それが『大無量寿経』というお経の中身でした。

そのことが明らかになったのは、「ただ念仏申す身になって生きよ」と言われた、法然上人との出会いのときだったのです。『大無量寿経』こそ、私を私にしてくださった真実の教えでありました。私が私であってよかったと言える教えが見つかりました。その教えの中身を、私は浄土真宗という四文字で表現することができますという深い感動が、浄土真宗の誕生です。

求める必要のない真実

『教行信証』の中に、「浄土真宗」という言葉が四回出てきます。いちばん最初は、標挙の文。『大無量寿経』こそ真実の教えであります。私はその真実の教えを浄土真宗という言葉で確認することができましたという意味で出てきます。

そして二番目は「教巻」のいちばん最初に、

謹んで浄土真宗を案ずるに、二種の回向あり。一つには往相《おうそう》、二つには還相《げんそう》なり。往相の回向について、真実の教行信証あり。

というように出てきます。

三番目は、「化身土巻」の三願転入の文の後に、

信《まこと》に知りぬ、聖道《しょうどう》の諸教は、在世正法《しょうぼう》のためにして、まったく像末・法滅の時機にあらず。すでに時を失し機に乖《そむ》けるなり。浄土真宗は、在世・正法・像末・法滅、濁悪《じょくあく》の群萌《ぐんもう》、斉《ひと》しく悲引したまうをや。

このように浄土真宗という言葉が出てきます。

四番目に出てくるのは、後序の文の結びのところです。

竊《ひそ》かに以みれば、聖道の諸教は行証久しく廃《すた》れ、浄土の真宗は証道いま盛《さかり》なり。

とあります。『教行信証』の中のこの四か所に、浄土真宗という言葉が出てくるのです。

浄土真宗というのは、真実を宗として生きるということだと言いましたが、安田先生の有名な言葉に、

「真実を求めるのは、ある意味の流転。真実は求める必要がない」

というすごい言葉があるのです。人間というのは、一般の教養のところでいえば、真実を求めて生きているのでしょう。ところが、安田先生は、真実を求めるのは、ある意味の流転であって迷いだと言われる。だから真実は求める必要がない。つまり、自分の誤りが明らかになればよい。真実は、はじめ

から来ているということです。

真実は、私が求めるのではないのです。真実は、真実を求めることのできない私のところに、如来が真実となって私の世界に現れてくださるのです。如来の言葉が真実であって、その真実に出遇うことによって、自分の過ちが明らかになっていく。これでは人間とは言えませんと、私の真実に出遇っていく。そのときに、はじめて出てくる。ですから人間の世界から生まれてくるものではない。そのように、探そうとして真実を求めていっても、人間の世界にはどこにも出てこない。なぜなら、私たちは迷いの世界に生きているからです。煩悩具足の凡夫のところに真実が生まれてくるはずがない。真実は、真実の世界からしか生まれない。はっきりしていることです。真実は真実の世界からしか生まれない。迷いの世界に真実はあり得るはずがない。

しかし普通は、もうちょっとましな人間になってくれよと願いませんか。

もうちょっといい人間になろうやないかと言いませんか。ところが、浄土真宗の教えを聞いていくと、そのような「ましな人間になろう」とする考えがたいへんな誤りであることがわかるのです。それが迷いだ、流転だということに気がつくのです。それに気がついたとき、真実は求める必要がないとわかり、すでに真実が私のところに現れておってくださることに気づくのです。

あなたと出会えてよかった

如来ましますしるしとして、自分の誤りが見えてくるような私に転じた。お念仏が、私に自分の誤りを見せてくださる。そして、わが身のいたらなさが見えてくる。それが、真実が人間のところに生まれてきた具体的な姿です。そのことを親鸞聖人は、はっきりと真実は浄土から私の生きざまの迷いの世界に現れてきてくださったものだと示される。

そして、その浄土とは何かというと、言うまでもなく仏国土です。それを安田先生の言葉でいただくと、「浄土とは、人間が根源的に願い続けておる真の共同体である」といわれています。

人間であるかぎり、だれでもが例外なくいちばん深いところで願い続けている願いがある。これが本願です。確かな、確かな願いがある。しかも、それは学問した人間に生まれてくるものでもない。学問していない人にはわからないというのでもない。人間であるかぎり、だれでも持っている。生まれたばかりの赤ちゃんであろうと、九十年人間の身を生きた人であろうと、人間であるかぎり、みんな根源的にいちばん深いところで願っているのは何かというと、真の共同体です。ともに同じく一体になってと言える世界です。

言葉を換えて言えば、あなたと出会えてよかった、こう言えるのが人間のいちばん深い願いなのです。その、あなたと出会えてよかったと言える世界を、お浄土という。自分の思いと自分の都合で生きるかぎり、人間は確かな、確かな出会いをいただくことができないけれど、その確かな世界を人間はみんな求めている。そうするとその確かな世界から、人間の求めているいちばん深い世界から、私の生きざまのところに現れておってくださる真実の言葉がある。そのお浄土の言葉は、南無阿弥陀仏という六字になって私のところに現れてくださる。

だから浄土の真実という言葉を、別の言葉で、少し私なりの言葉で言えば、人間がみんな求めている、あなたと出会えてよかったと言える世界から、自分の思いで生き、自分の都合で生きて、夫婦であったり、親子であったり、兄弟であったりしておっても、なかなか出会いが出会いにならずに、いつでも出会いを切るようなかたちでしか生きられない。すなわち差別してしか生きられない私の生きざまのところに、それであなたは人間を生きたと言えるかと呼びかけておってくださる、浄土からの真実の言葉がある。これが南無阿弥陀仏である。いま南無阿弥陀仏を宗として生きるときに、よりどころとして生きるときに、私が私であってよかったと言える、あなたと出会えてよかったと言える世界が、この差別の世界に現れてきてくださる。これほど大きな不思議はないのではないでしょうか。

差別の世界に、これではいけないと感じ取ることのできるはたらきが、私のところに与えられている。差別してしか生きられない私のところに、恥ずかしいなと思わしめてくださる大きなはたらきがある。これが浄土の真実です。南無阿弥陀仏です。お念仏を申すときに、いつでも恥ずかしい自分が見えてくる。恥ずかしい自分が見えてくると同時に、これでは人間とは言えないと感じさせてもらう。感じさせてもらったら、そのままが如来ましますいのちとなる。そして、私が私であってよかった。あなたと出会えてよかったと思えるような私が、そこに誕生してくるのです。

親鸞聖人の浄土の真宗という言葉は、そういうことを私たちにお示しくださっているのです。

如来の声が聞こえた感動

また、浄土の真実が私のところに届いてきてくださった姿を、信心という言葉で言われるのです。信心とは、信ずる心ですから、自分の心ではないかと考える人もおられますが、信心というのは、如来さまからいただいた心です。ですから、如来より賜りたる信心と親鸞聖人は言われるのです。

如来さまの声が私に聞こえてきた感動が、そのまま信心です。だから聞即信とも言われるのです。聞くということは、そのまま信です。

親鸞聖人がお示しくださる大事な言葉に、三つの字があります。「聞」という字と「遇」という字と、それから帰命の「帰」という字、これが親鸞聖人がお示しくださる真宗の中身です。「聞」と「遇」と「帰」です。

聞とは、聞こえてくるという感動です。聴というのは、聞く気があって、聞かずにはおれないことがあって、そのことをじっと聞き取ろうとするというのが聴です。それに対して、聞というのは、聞く気がなくとも聞こえるというのが、この聞ということです。聞こえてくるのです。その聞という字が真宗のいちばん大事な字であることは、言うまでもない。

聞こえるということほど人間を感動させるものはありません。三年生の子どもの詩に、こんなのがありました。


行ってまいりますとぼくが言った。

気をつけてねとお母さんが言った。

お母さんの声がついてきた。

学校の中までついてきた。

いい詩だと思います。朝、みんな学校へ行くときに、「行ってまいります」と言って出かけていく。そうすると、お母さんが台所から「気をつけてね」と言われる。その声がずっと学校の中までついてきて、一時間目にも二時間目にも三時間目にも四時間目にも、その「気をつけてね」というお母さんの声がずっと私のそばにいてくれるという感動が、この三年生の子どもの詩の中に表現されている。

三時間目の時間に、お母さんの声を聞いている。そのことを感じ取らせるような出来事が起こった。学校でこうして勉強しているのも、お母さんがずっとついていてくれるから、安心して勉強ができていたのだなと、この子どもに感じ取らせるようなチャンスがそこにできあがってきたときに、あらためてついてきているお母さんの声に深い感動を覚えた。三時間目に国語の時間で詩の勉強をしておった。そして「今日は詩を自分で作ってみましょう。題はお母さんにしましょう」と先生が言った。「お母さん」という題で詩を作るようになった子ども。「あら難しいな。困ったな」と思うでしょうね。「お母さん」という題で詩をつくりなさいと言われて。そして、子どもたちはそのときに思うでしょうね。題が「お母さん」ですから、お母さん、お母さん、お母さんてどう書いたらいいかな。「お母さん」と、何回も、何回も、何回も、「お母さん」「お母さん」と繰り返していたら、「あら、お母さんついてきているわ。いまも私と一緒におってくれるわ」と、この子がふっと感じた。そして、いまの詩ができた。

行ってまいりますとぼくが言った。

気をつけてねとお母さんが言った。

お母さんの声がついてきた。

学校の中までついてきた。

いまお母さんといっしょに勉強しているのだ。いつも私のことを案じていてくださるお母さんは、わが家におられるだけではないのだ。気をつけてねという言葉が、現にいま三時間目に私のところについてきている。あら、そうだなと感じ取った。

如来と共に生きる感動

そうすると、南無阿弥陀仏と六字になった親さまがついて離れぬということは、作り話ですか。現に人間が一人一人確認をしていく内容ではありませんか。そうでしょう。他力廻向という言葉で言われるのが、そのことでしょう。

そうすると、いつでも私のところについて、私のことを案じていてくださるお方がある。その声が私に聞こえるのです。いつでも、どんなときにでも、私を案じていてくださる。お母さんが私に語りかけていてくださる言葉が聞こえるのです。聞こえてくるのは、遠いところにいては聞こえません。かならず私のそばにいてくださるから感動が伴います。これが「遇」です。あるいは「値」という言葉です。

『正信偈』の中に「一生《いっしょう》造悪《ぞうあく》値《ち》弘誓《ぐぜい》（一生悪を造れども、弘誓《ぐぜい》に値《もうあ》いぬれば）」とあります。親鸞聖人は、この「値」のところに「もうあう」と読み仮名をつけられています。「もうあう」とは、「まいりあう」の音便だといわれる。「まいりあう」というのは敬語です。敬語が詰まって「もうあう」。私のことを案じていてくださるお方が、いつでも私のそばにいて、私に会っていてくださる感動を表現するのに、「もうあいぬれば」といわれる。

高史明先生が、「頼みもせぬのに」と言われました。頼みもせぬのに、私を私にしてくださるために、南無阿弥陀仏と名告った仏さまが、私のところに来ておってくださる。この感動を御影堂でいただきましたとおっしゃったではありませんか。これが「あう」ということです。

私にあいに来ておってくださるから、あえた。では私にあいに来ていてくださるということが、なぜ言えるのか。私は確かに如来の声が聞こえるという感動があるからです。いつでも、どんなときにでも、確かな確かな言葉が聞こえてきます。私について離れずにいてくださるお方がましますということを「聞」ということが表している。その聞を具体的に示せば、値遇という言葉になってくる。

そうすると、頼みもせぬのにあいに来ておってくださって、私に一生懸命に語りかけておってくださる言葉に出会えば、これは帰命です。三番目は帰です。帰という言葉は、どんな意味か。そのとおりですということです。

「はい、わかりました」ということ。これが「帰」という一字が示していることです。「はい、わかりました」と言える私が、そこに誕生する。あいに来ておってくださって、私のことを案じておってくださる言葉に出会って、その言葉を聞き取ることができたら、もう逆らうことができない。「まったくそのとおりでした」としか言いようのない言葉として、この言葉が私全体を包むようにして、深い感動を生む。「はい、わかりました」というときには、もう包み込まれてしまっている。もうその言葉から逃げられない。その言葉に包み込まれてしまって、そこから離れられない。これが帰ということの意味です。

真宗以外の信心は、みんな神さまや仏さまにお願いするというかたちでの信心でしかありません。しかし真宗の信心は「帰」ですから、「はい、わかりました」と言える世界ですから、頼みもせぬのに、私を私にしてくださる出会いがいただけた。「そのとおりでございます」と言える私になったということが信心なのです。

浄土から、言葉を換えて言えば、確かな確かな出会いの世界から、出会いを切ってしか生きようとしない私の日々の生きざまのところに現れておってくださるお浄土からの真実の言葉がある。南無阿弥陀仏と名告っておいでになる。そのお念仏を申すときに、如来ここにましますと言える私が誕生する。私が私であってよかった。あなたと出会えてよかったと言い切ることのできる私が誕生するのです。

悲しきかな愚禿鸞

親鸞聖人は、浄土真宗に遇い得た感動を三回の「哉」という字でお示しくださっています。一つは、「信巻」の真の仏弟子釈の結びのところに出てきます。

誠に知りぬ。悲しきかな（悲哉）、愚禿鸞《ぐとくらん》、愛欲の広海に沈没し、名利《みょうり》の太山《たいせん》に迷惑して、定聚《じょうじゅ》の数に入ることを喜ばず、真証の証に近づくことを快《たの》しまざることを、恥ずべし、傷むべし。

ここに「悲しきかな（悲哉）」と出てきます。この文の前まで真の仏弟子ということの意味を説明されています。そして、翻って、この私はどうかといただくときに、「恥ずべし、傷むべし」としか言いようがない私がいるということです。真の仏弟子を結ぶにあたって、自らのありようを告白なさいます。この愚禿親鸞は、いつもいつもかわいい、欲しいの海に沈みながら、名利の太山の険しい山をあえぎあえぎ登り、仏力、他力で正定聚《しょうじょうじゅ》の分際にさせていただいたことも、それほどありがたいとも思わず、一日一日お浄土参りが近づいてくるということも、うれしいと思わないでいる。よくよく考えてみれば、まことに悲しいことであり、われながら恥ずべし、傷むべしだ。こうおっしゃる。まことにこの悲嘆は、全心身を挙げての悲嘆です。自己全体を投げ出して、懺悔なさっているお姿です。

念仏に遇い得たものが、如来のお力の中で生かさせていただくときに、恥ずべし、傷むべし。わが身のありのままの姿をあらわにいま見せていただく。

親鸞聖人は、

浄土真宗に帰すれども　真実の心はありがたし
虚仮《こけ》不実のわが身にて　清浄《しょうじょう》の心もさらになし
無慚無愧《むざんむき》のこの身にて　まことのこころはなけれども
弥陀の回向の御名《みな》なれば　功徳は十方にみちたまう

このように「悲歎述懐和讃」に説かれています。お念仏に出遇うことによって、いちばん深いわが身と出会う。そして全身挙げての悲歎、自己全体を投げ出しての懺悔が生まれる。これが信心をいただくもの、お念仏を申すものの姿です。

慶ばしいかな愚禿釈の鸞

恥ずべし、傷むべしと、わが身をいただくことができたときに、法に遇い得た喜びが生まれる。自分の思いでは絶対に気づくことのできない世界を、仏さまのお光に照らし出されて、見せていただく。恥ずかしいな。傷ましいなと気づかさせていただくことができたのは、法に遇い得た喜びなのです。その喜びを、親鸞聖人は「慶ばしいかな（慶哉）」、こういう言葉で表現しておられます。出てくるのは「総序の文」の結びです。

愚禿釈《ぐとくしゃく》の親鸞、慶《よろこ》ばしいかな、西蕃《せいばん》・月支《がっし》の聖典《しょうでん》、東夏《とうか》・日域《じちいき》の師釈、遇《あ》いがたくして今遇うことを得たり。聞きがたくしてすでに聞くことを得たり。真宗の教行証を敬信《きょうしん》して、特に如来の恩徳の深きことを知《こと》りぬ。ここをもって、聞くところを慶び、獲《う》るところを嘆ずるなりと。

「愚禿釈の親鸞」と、自らの名告りを挙げて、「慶ばしいかな」という言葉がそこに出てきます。この慶という字は、「得べきことを得て、のちによろこぶ心」と親鸞聖人は説明をなさいます。得べきことを得たよろこび、これが慶という字の意味です。

信心を善導大師は二種深信で説明してくださいますが、その二種深信の内容を、「悲哉」と「慶哉」ということで確認していてくださるのです。機の深信が「悲哉（悲しきかなや）」でしょう。

自身は現にこれ罪悪生死の凡夫、曠劫《こうごう》より已来《このかた》、常に没し常に流転して、出離の縁あることなしと信ず。

これが、悲しきかなやです。

かの阿弥陀仏の四十八願は衆生を摂受《しょうじゅ》して、疑いなく慮《おもんばか》りなくかの願力に乗じて、定んで往生を得と信ず。

これは、慶ばしきかなやです。親鸞聖人は、善導大師の二種深信をこのようなかたちで表現されているのです。

三つめは、「誠哉」という表現で「総序の文」に出てきます。

誠なるかなや（誠哉）、摂取不捨《せっしゅふしゃ》の真言、超世希有《ちょうせけう》の正法《しょうぼう》、聞思《もんし》して遅慮《ちりょ》することなかれ。

「誠なるかなや」というのは、言葉を換えて言ったら、「あ、そうでした。そうでした」という感動です。そして、「はい、わかりました。そうさせていただきます」というときに、確かな確かな出発が始まる。「聞思して遅慮することなかれ」、こう言い切ることのできる新たな歩みが私に始まる。

真宗門徒の感動というものを、「悲哉」「慶哉」「誠哉」というこの三つの言葉で親鸞聖人はお示しくださっているのです。

この三つの感動が、強く生きるということを示してくださる内容ではないかと思います。ほんとうの自分に出遇って、そして確かに与えられた尊い命を十分に生かさせていただきます、こう言い切ることのできるような歩みが私に始まる。

これが私の仕事の臭いです

重い知恵おくれの子どもの施設である止揚学園の保育士さんのことが、ある本に書いてありました。井狩久子さんという方のことが出ておりました。井狩久子さんは、重い知恵おくれの子どもの施設「止揚学園」の保育士さんです。彼女自身も小さいときに小児麻痺にかかり、知能は普通でしたが、体がかなり不自由でした。

彼女は止揚学園に就職ができて、自分の家から二十分ほどバスに乗って通うことになった。ところが、就職して一か月ほどして、ぷっつりと学園に行かないようになった。どうしてかといいますと、ある日のこと、主任の先生に、もう仕事が終わったから、帰ってもいいですかと尋ねたというのです。そして、一日の仕事が終わって、いちおう予定されていた仕事も終わった。そして、もう勤務時間も終わった。それでも、みなさんがまだ帰らないものですから、就職したばかりの井狩先生は、「もう私の仕事は終わったから、帰ってもいいですか」と主任の先生に尋ねたのです。そうしたら、主任さんが言われた。「ああもういいよ、先生がいなくてもできるから」と。

井狩さんは、このときの主任さんの、あとの言葉に引っかかったというのです。「もう帰ってもいいよ」で止まっておればよかったけれども、「先生がいなくてもできるから」、こう言われた。勤めたばかりで、一生懸命仕事をしようと思っている井狩さんにとって、この言葉がこたえた。そのひと言が彼女の胸に突き刺さって、園に行く意欲を奪ってしまったのです。

その一言は、井狩さんの存在意義を否定するような言葉であり、彼女のこの世における役割を抹殺するような言葉として受けとめられてしまったのです。

そういう悲しいことが何度かあったそうですが、とにかく井狩さんは保育士の仕事を続けていきました。そして、顔色もだんだんと明るくなってきたのでした。

そして、二年ほどたったとき、井狩さんは排便自立指導という大事な仕事に専念することになったのだそうです。止揚学園におられる知恵遅れのお子さんは、オシッコやウンコが自分ではできません。そのような子どもが自立して排便できるようになることが、一人の人間として生きていく第一歩となるのです。

井狩さんは、子どもたちにとってきわめて大切な自立排便指導という役割を負ったのです。具体的にどういうことをするのかというと、朝勤務が始まって、八時間労働の勤務が終わるまで、ずっと便所の入り口にいて、ほかの保育士さんが、オシッコをしたいという子どもを連れてくると、便所でオシッコさせたり、ウンコさせたりするのです。

パンツを下ろして、オシッコをさせたり、ウンコをさせたりする。その仕事を、毎日八時間やらなければならない。便所の中から一歩も離れられない。ずっと便所のところにいて、その仕事をするのです。

一日に八時間以上も便所の中にいて、子どものオシッコとにらめっこをし、嫌がる子どもを押さえつけて、便所に座る習慣をつけさせるのです。

仕事が終わって、みんな職員室に集まってくる。お疲れさまと言うて、自分の席に座る。そうすると仲間が冷やかすのだそうです。

「井狩先生の体は、ウンコとオシッコの臭いがするなあ」

と言って、井狩先生の顔を見ながら同僚が冷やかす。嫌ですよね。それをこの井狩先生は、

「私の体が、ウンコやオシッコの臭いがするのは当たり前です。これが私の仕事の臭いです」

と胸を張って、さわやかに答えたというのです。「仕事の臭い」というのは、いいではありませんか。「これが私の仕事の臭いです」と、井狩さんは堂々と答えたのです。

　人それぞれに与えられている自分の役割を十分に果たしていく。よく生きるということは、自分の都合のいいことを一生懸命やるということではない。与えられた仕事に精一杯、全身で打ち込んでいくことのできるような生

き方、これがすごい生き方ではありませんか。

井狩さんは、みんなが「ウンコとオシッコの臭いがする」と言うと、「そんな臭いを嗅いでいただいてありがとう。もしも私がそばにいても、ウンコとオシッコの臭いがしなかったら、私は仕事をしていないことになるものね」と、にっこり笑って言い切ることができるような井狩さんになった。すごいではありませんか。

役割を果たす人生

それは確かな確かな自分を、精一杯に生きている人の言葉ではありませんか。その言葉を紹介されて、そして続いて説明してある、まどみちおさんの「けしゴム」という詩が、またじつにすごい。この井狩さんを紹介されたあと、

「役割」を果たすと言えば、まど・みちおさんに、「けしゴム」という詩があります。

自分が書きちがえたのでもないが
いそいそとけす

自分で書いたウソでもないが
いそいそとけす

自分がよごしたよごれでもないが
いそいそとけす

そしてけすたび

けっきょく自分がちびていって
きえてなくなってしまう
いそいそといそいそと

正しいと思ったことだけを
ほんとうと思ったことだけを
美しいと思ったことだけを
身がわりのようにのこしておいて

すごいなと思いませんか。いま消しゴムは、わが身を削って、汚いもの、汚れたもの、ウソをみんな消していって、そして自分もだんだん小さくなって消えていってしまう。しかし私が現に消しゴムとして生きてきたしるしには、いま正しいと思ったことだけが、ほんとうと思ったことだけが、美しいと思ったことだけが、私の身代わりのようにちゃんといま生き続けておってくれます、こう言えるような歩みが始まるというのは、すごいなと思う。

私はこの「けしゴム」という詩をいただいて、思った。黙々として自分の仕事を一生懸命果たす。不平を言わず、不満も言わず、しかもこの世にちゃんと私が存在したその跡を残すようにして、正しいと思ったことだけが、美しいと思ったことだけが、ほんとうと思ったことだけが、私の身代わりのようにちゃんと残っておる。こういう生き方が、私は真宗門徒と名のる人たちの具体的な生きざまではないかと思うのです。

あとがき

今回、思いもかけず、法藏館さまのご厚意により法話集『あなたに出会えてよかった―ほんとうの生きがいの発見』を発刊することができました。ありがとうございます。

この法話集は京都教区湖東地区の坊守研修会のときに法話した講義録をもとにした内容のものです。

法藏館社長西村七兵衛さまに、また編集の労をおとりくださった和田真雄氏に心からお礼を申し上げます。

二〇〇三年二月

近藤辰雄

近藤辰雄（こんどう　たつお）
1928年長崎県に生まれる。1952年大谷大学文学部（真宗学専攻）卒業。同朋会館教導、総会所教導。陶化幼稚園園長、高倉幼稚園園長。社団法人大谷保育協会理事長（現顧問）、京都仏教幼稚園協会会長（現参与）を歴任。
現在、真宗大谷派陶化教会主管者、教誨師。
現住所　京都市南区東九条中御霊62番地

あなたに出会えてよかった
―ほんとうの生きがいの発見

二〇〇三年四月一〇日　初版第一刷発行

著　者　近藤辰雄
発行者　西村七兵衛
発行所　株式会社　法藏館
京都市下京区正面通烏丸東入
郵便番号　六〇〇-八一五三
電話　〇七五-三四三-〇〇三〇（編集）
〇七五-三四三-五六五六（営業）

印刷　リコーアート・製本　清水製本

ISBN 4-8318-8678-5 C0015